T0064311

Moments of Inspiration
Momentos de Inspiración

Poetry Written in English and Spanish

Gabriela Iñiguez

BALBOA.
PRESS

A DIVISION OF HAY HOUSE

Balboa Press books may be ordered through
booksellers or by contacting:

Balboa Press
A Division of Hay House
1663 Liberty Drive
Bloomington, IN 47403
www.balboapress.com
1 (877) 407-4847

Because of the dynamic nature of the Internet, any web addresses or
links contained in this book may have changed since publication and
may no longer be valid. The views expressed in this work are solely
those of the author and do not necessarily reflect the views of the
publisher, and the publisher hereby disclaims any responsibility for them.

The author of this book does not dispense medical advice or
prescribe the use of any technique as a form of treatment for physical,
emotional, or medical problems without the advice of a physician,
either directly or indirectly. The intent of the author is only to offer
information of a general nature to help you in your quest for emotional
and spiritual well-being. In the event you use any of the information
in this book for yourself, which is your constitutional right, the author
and the publisher assume no responsibility for your actions.

Any people depicted in stock imagery provided by Thinkstock are
models, and such images are being used for illustrative purposes only.
Certain stock imagery © Thinkstock.

Print information available on the last page.

ISBN: 978-1-5043-7905-2 (sc)
ISBN: 978-1-5043-7906-9 (e)

Library of Congress Control Number: 2017906117

Balboa Press rev. date: 08/17/2017

Contents / Contenido

———ⵡⵧⵓⵧⵧ———

To everyone who has helped me grow and learn.

Dedicado a todas las personas que me han ayudado a seguir creciendo y aprendiendo.

———ⵡⵧⵓⵧⵧ———

———ᴡᴡ∘ᴄᴦᴏᴄᴛᴏᴄᴛᴏᴄ∘ᴡᴡ———

It is a great honor to share this cover page painted by my mother, Felipa. The title of this painting is "Inspiración."

Es un gran honor compartir esta portada pintada por mi madre, Felipa. El título de esta pintura es: "Inspiración".

———ᴡᴡ∘ᴄᴦᴏᴄᴛᴏᴄᴛᴏᴄ∘ᴡᴡ———

The poems in this book have not been translated word for word. I have decided to accommodate the order of the words to preserve the meaning of the original poems.

Los poemas en este libro no han sido traducidos palabra por palabra. En vez de esto he decidido acomodar el orden de las palabras para preservar el significado original de los poemas originales.

Momentos a Solas

En el silencio puedo escribir.
En este silencio puedo escuchar mi corazón.
Esta soledad me empuja a enfrentar lo que en verdad siento.
Hay veces que solo quiero huir de mis sentimientos, porque me da miedo enfrentar la verdad.
Pero cuando me decido a escribir y a enfrentar la verdad, puedo sentir paz.
Puedo sentir cómo mi corazón se desahoga y me permite aprender una lección de humildad.
Pues me doy cuenta que no soy perfecta y que tengo mucho que aprender.

-Gracias Dios por permitirme sentir esto, porque esta experiencia me humaniza y me permite respirar en paz.

Time to Be Alone

When I am in silence,
I can hear my heart.
This loneliness pushes me to face what I am truly feeling.
Sometimes, I just want to run away from my feelings because I am afraid to face the truth.
But when I decide to write and I decide to face the truth,
I can feel peace, and I can feel my heart being humbly relieved,
as I realize that I am not perfect and I still have much to learn.

Thank you, God, for allowing me to feel this way because this experience humanizes me and allows me to breathe in peace.

Volar Juntos

Volar juntos es el acto de amor más grande que existe.

Volar juntos es poder volar sin ego y es querer luchar unidos por una causa más grande que nosotros mismos.

Volar juntos es un acto de humildad, pues nos damos cuenta que nos necesitamos los unos a los otros para poder emprender el vuelo de la vida.

En donde cada persona partícipe en este vuelo, es una persona indispensable, que posee grandes talentos y sabiduría.

Y así en unión todos somos exitosos porque habremos llegado a nuestro destino en amor y armonía.

Flying Together

Flying together is one of the greatest acts of love.

Flying together is being able to fly without ego and wanting to fight in unity for a cause greater than oneself.

Flying together is an act of humility because we realize that we need each other to take on this voyage.

We realize that every person involved in this journey is a precious human being who possesses great talents and wisdom.

When we all fly together, we are all successful because we will have reached our destinations in love and harmony.

Papalote

Papalote, papalote, tú que estás en lo alto,
Dime:
¿Cómo se ve?
¿Cómo se siente tener el viento contra tu rostro?
Tú puedes ver el mundo y regresar en cuestión de minutos,
con la dicha de poder regresar con nuevas historias acerca
de lo que pudiste ver en lo alto y todo lo que pudiste aprender
del cielo.

Kite

Kite, kite, you who are in the sky,
please tell me,
how does it look?
How does it feel
to have the wind against your face?
Lucky you who can see the world and come back in a question of minutes.
You have the joy of returning home with new stories about everything you could see at the top and everything you learned from the sky.

Contestación del Papalote

¡Se ve hermoso!

Puedo ver todos los paisajes y a toda la gente.

Desde aquí en lo alto la gente y los edificios se ven chiquititos.

Me doy cuenta que debemos dar gracias a Dios por estar, en el cielo o la tierra.

Dichosa tú que estas en la tierra, porque tú puedes apreciar todo de cerca.

También me doy cuenta que los problemas son diminutos y que está en nuestras manos querer resolverlos.

El único consejo que te doy es que no pierdas la fe porque desde aquí puedo ver que la fe mueve montañas y las cosas buenas sí existen.

The Response of the Kite

It looks so beautiful!
I can see all the landscapes and all the people.
From here, people and buildings look so tiny.
I have realized that we must give thanks to God for being in heaven or on earth.
Blessed you, who are on earth, because you can see everything up so close.
I have also realized that our problems are minuscule, and it is within our hands to want to solve them.
The only advice that I give you is to not lose your faith because from here, I can see that faith can move mountains, and good things do exist.

Chica de los Rizos

Chica del pelo chino,
tus rizos son un remolino,
tu risa un torbellino,
Eres libre como el viento
Y bella como el cielo.

Curly Girl

Girl of the curly hair,
your curls are a whirlpool,
your laughter is a whirlwind.
You're free as the wind
and beautiful as the sky.

Si Supieran

Se ríen mientras habla.
Ponen en duda su conocimiento.
Ellos la juzgan en un instante.

Ella piensa,
si supieran,
si supieran,
Que yo soy una doctora que ama leer, que puedo ayudar a
sanar a otros y que los amo.

¿Por qué estoy siendo juzgada por mi acento?
Si tengo el conocimiento,
si tengo un corazón cerca de Dios,
si todo lo que quiero hacer es hablar con ellos,
para compartir un recuerdo,
para compartir una sonrisa,
para compartir una idea.

Y de nueva cuenta ella repite lo que dijo con una sonrisa.
Ella utiliza sus manos para darse a entender.
Repite sus palabras con gracia,
se repite de nuevo porque todo lo que ella quiere hacer es
ser parte del grupo.

Lo bueno es que ella sabe que es hija de Dios.
Ella reconoce su propio valor.
Y ella sabe que su sabiduría
no puede ser revelada por el poder de sus palabras,
sino a través de las acciones de su corazón.

If Only They Knew

They laugh as she speaks.
They question her knowledge.
They judge her in an instant.

She thinks,
If only they knew.
If only they knew
that I am a doctor who loves to read, who can help them heal,
and who loves them.

Why am I being judged by my accent
if I have the knowledge,
if I have a heart close to God,
if all I want to do is talk to them,
to share a moment,
to share a smile,
to share an idea?

She repeats with a smile.
She uses her hands.
She repeats gracefully, again and again, because all she wants is to be part of them.

Good thing she knows she is a child of God.
She knows her self-worth.
And she knows that her wisdom
may not be revealed by the power of her words
but through the actions in her heart.

Amorino

Te amo, en verdad te amo.

Te cuido y te amo, te abrazo y te siento.

Te amo como la delicada flor en primavera.

Tu brillo es bello, una luz hermosa en el jardín de la vida.

Ternura en tu aura, ternura en tu corazón, la vida te abriga, la vida te aprecia, tú aceptas su amor, te aceptas a ti y te amas a ti.

Amorino

I love you; I truly love you.
I care for you, and I hug you.
I love you like a delicate flower in spring.
Your brilliance is beautiful, a beautiful light in the garden of life.
Tenderness in your aura, tenderness in your heart, you cherish life, life cherishes you, you accept this love, you accept yourself, and you love yourself.

Me Voy

Dedicado a todas las personas que tienen que dejar su lugar de origen.

Me tengo que ir,
te lo digo una y otra vez.
Me tengo que ir,
para no amargarme,
para poder regresar más fuerte de lo que vine.
No quiero, dejar de creer que "¡Si se puede!"
De que si se puede lograr un cambio en mí,
para después poder promover un cambio en mi comunidad.
Esto es un sueño que quiero hacer realidad.
Me tengo que ir …

I'm Leaving

Dedicated to all people who must leave their homes.

I have to go,
I'm telling you again and again.
I have to go
to not embitter my soul,
in order to return stronger than when I came.
I do not want to stop believing in the "Yes, it is possible!"
I want to be able to make a difference within myself
so that I can later promote a change in my community.
This is a dream I want to fulfill.
I have to go …

Esperar

Te puedo esperar, pero no te puedo esperar toda la vida, mi amor.
Hoy estamos aquí y mañana nadie sabe.
La vida nos ofrece oportunidades y nosotros tenemos que ser valientes para poder aceptarlas.
Pues si seguimos esperando y esperando,
se nos va la vida, se nos va el amor, se nos va el momento y se nos va la felicidad.
Pues no existe el momento exacto ni tampoco la hora adecuada, solo existe el presente y debemos dar gracias a Dios y a la vida por permitirnos vivir este momento.

Waiting Time

I can wait for you, but I can't wait for you forever, my love.
We are here today, and who knows what tomorrow will bring?
Life offers us opportunities, and we have to be brave to accept them.
For if we wait and wait,
life goes by, love goes by.
For if we wait for the right time, this might never happen.
Being in the present and thanking God for allowing us to live this moment are all we have.

El Amor Verdadero

El amor verdadero es un amor que te desea el bien en todo momento.

Es un amor que te desea felicidad, a pesar de la distancia.

Es un amor que te hace sentir un capullo de dulzura en tu corazón.

Es un amor que te recuerda con una buena imagen.

Es un sentimiento en donde tu corazón y el mío estuvieron unidos en un momento grato, en donde nuestros sentimientos fueron realmente auténticos.

Es una amistad sincera, donde el deseo del bienestar para ambos está presente.

Es un trabajo constante, que se fortalece a través del apoyo, el afecto y la sinceridad.

Cuando amas así a alguien debes sentirte bendecido porque has tenido la dicha de poder sentir el verdadero amor en tu corazón.

Gracias Dios y gracias vida.

True Love

True love is a love that wants the best for you.
It is a love that wishes you happiness despite the distance.
It is a love that makes you feel a cocoon of sweetness in your heart.
It is a love you recall with a fond image.
It's a feeling where both of our hearts were united in a pleasant moment, and our feelings were authentic.
It is a sincere friendship where the desire for the well-being of both is present.
It's constant work that gets stronger through affection and sincerity.
When you love someone, you must feel so blessed to have the joy of being able to feel true love in your heart.

Thank you, God, and thank you, life.

Jardín Sorpresa

En el jardín de una casa abandonada,
me encontré con una rosa en medio de un jardín descuidado.
Para mi sorpresa, en la esquina de ese mismo jardín,
también encontré un arbusto de rosas blancas.
Al ver las rosas me alegre y aprendí una linda lección.
No importa que tan feo o desértico se vea el panorama, si
observas con cautela, podrás apreciar que en cada desierto
existen las cosas bellas que nos alegran e iluminan el
camino de la vida.
Es solo cuestión de levantar la mirada y observar con
cautela.

A Garden of Surprises

In the middle of a forgotten garden of an abandoned house, I found a rose.

To my surprise, at the corner of that same garden, I also found a bush of white roses.

Seeing those cheerful roses taught me a beautiful lesson.

No matter how ugly or deserted the picture looks, if you look carefully, you will find that in every desert there are beautiful things that make us happy and illuminate the roads of our lives.

It is just a matter of looking up and perceiving them with care.

Es Tiempo de Dejar Ir

Si en verdad te amo,
te voy a dejar ir.
Si realmente me preocupo por ti,
voy a dejarte ir.
Mi corazón siente el dolor,
pero también siente el alivio.
Doy gracias por esta experiencia.
Me siento bendecida por ser capaz de amar de esta manera.
Te dejo libre mi amor.
Te deseo lo mejor.

Time to Let Go

If I truly love you,
I have to let you go.
If I truly care for you,
I have to let you go.
My heart feels the pain,
but it also feels relieved.
I thank the experience.
I feel blessed to be able to love you this way.
I set you free, my love.
I wish you the best.

Palabras de una Poeta Enamorada

Quiero besarte.
Quiero besarte sin pensarlo.
Sin saber tu religión ni tu cultura.
Sin pensar en las palabras del idioma.
Solo quiero sentirte.
Solo quiero besarte.
Darte todo lo que soy.
Sin pensar en el mañana.

Words of a Poet in Love

I want to kiss you; I want to kiss you without thinking.
Without knowing your religion or your culture,
without thinking of the language.
I just want to feel you.
I just want to kiss you,
give you everything I am
without thinking about tomorrow.

Anhelo Amar Así

Quiero aprender a amar con todo mi ser,
quiero amar pura y sencillamente,
quiero amar tanto que lo pueda sentir en mis venas y en mi alma.
Quiero amar tanto tanto tanto que mi corazón suspire un alivio,
quiero amar como si este fuera el ultimo día.
Quiero sentir un calor inmenso en mi corazón y quiero sentir un respirar profundo de paz.
Quiero amar tanto tanto tanto que se pueda sentir en cada gesto,
en cada acción, en cada día, en cada momento, porque solo a si seré feliz, por que solo a sí aprenderé a amar, amar de verdad.

Longing to Love This Way

I want to learn to love with all my being.

I want to love purely and simply.

I want to love so much that I can feel it in my veins and in my soul.

I want to love so much, so much that my heart sighs with relief.

I want to love as if it were my last day.

I want to be able to feel great warmth in my heart and feel a deep breath of peace.

I want to love so much, so much that it can be felt in every gesture, every action, every day, every moment. If I learn to love this way, I will be truly happy; if I am able to love this way, I will have learned to really love.

Danzar en el Viento

Al compás del viento,
una bailarina llena de esperanza,
emprende el baile de la vida,
con amor a la vida y al compás del sol es libre en el viento
y es ternura en amor.

Dancing in the Wind

With the rhythm of the wind,
a dancer full of hope
begins the dance of life with love in her heart
and with the rhythm of the sun.
She is free in the wind, and she shows her love with
tenderness.

Bailarín

El señor que baila y baila.

El señor que causa gran conmoción por su estilo de baile y por ser buen bailarín.

Él es un hombre que baila con el corazón.

Quien entrega su corazón en la pista de baile y que cada semana se entusiasma por el fin de semana porque sabe que irá a bailar.

Él está dispuesto a dar lo mejor de si en esa pista.

Y muestra su entusiasmo por el baile y el bonito ambiente con una gran sonrisa.

The Dancer

The man who dances and dances.
He is a man who causes great commotion for his dancing style and for being such a good dancer.
He is a man who dances with his heart,
who gives his heart on the dance floor and gets excited for the weekend because he knows he will go dancing.
On the dance floor, he is willing to give his best.
He shows his enthusiasm for dancing and a friendly ambience with a great smile.

Oración a Dios

Los rayos del sol me hacen sentir a Dios.
Para mí, Dios es una luz, una tranquilidad.
Él es una luz que brilla y brinda la armonía que anhelo en mi vida.
Me siento agradecida cuando puedo ver el sol.
Porque al ver el sol puedo sentir y apreciar a Dios.
Y esta luz, la luz del sol me hace sentir que Dios existe y está presente en mi vida.

Gracias Dios por acompañarme y guiarme en mi vida.

Prayer to God

The sun's rays make me feel God.
For me, God is a light of tranquility.
He is a light that shines and brings harmony to the longing
in my life.
I am grateful when I can see the sun because by seeing the
sun, I can feel and appreciate God's presence.
The sunlight makes me feel that God exists,
and he is present in my life.

Thank you, God, for joining me and guiding me in my life.

El Regalo de Dios

Todos tenemos un don, lo cual es un regalo de Dios.

Todos tenemos talentos únicos los cuales nos hacen ser especial de una manera u otra.

Ser capaz de reconocer nuestro propio don y abrazarlo consiste en ser fieles a nosotros mismos.

Se necesita mucho valor para ser fieles a nosotros mismos, porque los que son fieles a sí mismos son capaces de aceptar sus regalos haciendo una conexión con Dios a través de sus talentos.

A Gift from God

We all have a gift, a gift from God.
We all have unique talents.
We are all special in one way or another.
Being able to recognize our gifts and embrace them consists
of being true to ourselves.
It takes great courage to be true to ourselves because those
who are true to themselves are able to embrace their gifts,
knowing that they can make a connection between God and
themselves through their special talents.

Un Paseo en la Playa

Querido amigo hoy estas listo para partir,
Ya estás listo para crecer y florecer.
Vamos a ser auténticos.
Vamos a compartir tu alegría,
y, si el camino se pone difícil,
recuerda nuestra caminata,
recuerda nuestras risas,
recuerda este paseo por la playa,
cuando estábamos listos para decir adiós por un tiempo,
cuando estuvimos allí a tu lado.

A Walk at the Beach

You are ready to go, my dear friend.
You are ready to grow and bloom.
Let us be real.
Let us share your joy,
and if the going gets tough,
remember our walk,
remember our laughs,
remember the walk at the beach,
when we were ready to say good-bye for a while—
when we were there by your side.

Naranja

Flor amarilla en mi memoria estás,
flor roja en mi presente estás,
ambas brindan color,
ambas son bellas, en su esencia,
y aunque son diferentes,
ambas son el resultado de la belleza de este mundo.

Orange

Yellow flower, you are in my memory.
Red flower, you are in my present.
Both provide color.
Both of you are beautiful in your essences,
and although you are both different,
both of you are the results of the beauty of this world.

Encuentro

En una montaña me enamoré, en una montana te encontré. Le doy gracias a Dios por poner esta montaña de amor en mi camino.

Meeting Time

I fell in love on a mountain; I found you on a mountain.
I thank God for putting this mountain of love in my way.

Señora Lydia

Señora Lydia,
señora de la alegría,
su espíritu lleno de energía y de vida.
Usted ilumina almas y transmite felicidad en el mundo.

Madame Lydia

Madame Lydia,
lady of joy,
your spirit is full of energy and life.
You enlighten souls and convey happiness in the world.

Noche de Salsa

Bailar salsa es una manera de vivir la cultura.

Bailar salsa es una oportunidad de crear arte en movimiento.

La música salsera nos llena de energía positiva mientras bailamos y esa energía se transmite a las personas que se encuentran a nuestro alrededor.

La combinación de música y baile nos ilumina el alma.

Y nos permite transportarnos en un viaje en donde podemos disfrutar de un bonito ambiente y olvidar nuestras penas por lo menos un momento.

También nos ofrece inspiración para seguir adelante por eso y mucho más invitamos a que participes con la comunidad salsera y contribuyas al crecimiento del bonito ambiente que se puede lograr cuando uno baila con el corazón.

A Night of Salsa Dancing

Dancing salsa is one way to live culture.
Salsa dancing is an opportunity to create art in motion.
The music fills us with positive energy while dancing, and that energy is transmitted to people who are around us.
The combination of music and dance enlightens our souls, which allows us to go on a journey where we can enjoy, a nice atmosphere and forget our sorrows for at least one moment.
It also offers inspiration to keep going.
For those reasons and many more, we invite you to participate with the salsa community and become part of the growth of a beautiful environment that can be achieved when one dances with the heart.

Poema Para Mi Hermana

Dedicado a mi hermana y a todas las personas que no queremos dejar de proteger.

Tú eres mi luz.
Tú eres mi vida.
Tu eres la rosa que quiero cuidar.
Eres tan bella y linda que no quiero lastimarte.

Pero me doy cuenta que entre más te cuido más te lastimo. Por que no te permito ver el sol por completo ni te permito sentir la lluvia que es agua y vida para ti.

Pero debo recordar que tú sabes cuidar tu belleza.
Debo recordar que tú tienes buenas raíces las cuales fueron plantadas con mucho amor. Y tienes tus espinas para protegerte de las manos que quieran hacerte daño.

Tus cualidades llenan mi vida y le dan plenitud. Y ponen una sonrisa en mi rostro. Me gusta verte florecer. Y si algún día llegaras a necesitar de mí yo trataré de esperar con paciencia tu señal. Ahí estaré para darte mi amor y apoyarte para que siga floreciendo tu belleza.

A Poem For My Sister

Dedicated to my sister and everyone we do not want to stop protecting.

You are my light. You are my life.
You are the rose that I want to take care of.
You're so beautiful and cute that I don't want to hurt you.

But I realize that the more I care for you, the more I hurt you.
I know that if I care for you too much, I am not allowing you to see the sun completely, nor letting you feel the rain, which is the water of life for you.

But I must remember that you know how to take care of your beauty.
I must remember that you have great roots, which were planted with love. And you have your thorns that protect you from the hands of those who want to hurt you.

Your qualities fill my life and make it worthwhile. You put a smile on my face. I love to see you flourish. And if someday you are in need of me I'll try to wait patiently for your signal. And I will be there to give you my love and support so your beauty can keep blooming.

El Segundo Piso

Fui buscando por ahí una razón del porqué,
de por qué me sentía yo triste y de por qué sentía yo miedo,
Y de por qué las cosas eran así.
Fui con un medico, buscando una explicación,
y al salir, del consultorio,
terminé con un diagnóstico que yo ya sabía,
y una receta que terminó abandonada encima de una mesa.
Al poco tiempo fui a visitar a un amigo en un bar.
No cabe duda que la experiencia de la vida es más valiosa
que la experiencia académica.
Sin yo decirle mucho,
y sin yo contarle tanto,
El pudo ver lo que ese médico no pudo ver,
y me ofreció su apoyo desinteresadamente.
Y mi amigo me dijo:
"Chica, no le des la espalda a la vida"
Ahorita no sabes dónde es arriba ni dónde es abajo.
Pero vas a salir a flote.
No tengas miedo de volar alto,
y no tengas miedo de caer.
Tu hermana ya se fue a hacer su vida,
Tus padres ya tienen la suya,
Y tú ¿cuándo vas a ir a hacer la tuya?
¿Que te ata aquí?
Lo que te ha pasado, es una oportunidad que la vida te ha
dado para liberarte,
Ve conoce el mundo,
no tengas miedo de caer,
y verás que regresarás más fuerte de lo que te fuiste,
No olvides de contarme cómo te fue.
Valiosos consejos de mi amigo, valiosas amistades que
encontré en el bar del segundo piso.

Second Floor

I was looking around for a reason,
for a reason why I felt sad and why I was so afraid.
When I was trying to find an explanation for why things were
the way they were.
I went to a doctor, looking for an explanation,
and when I left his office,
I came out with a diagnosis that I already knew
and a prescription that ended up abandoned on a table.
Soon after that, I went to visit a friend at a bar.
There is no doubt that the experience of life is more valuable
than academic experience.
Without saying much,
my friend could see what the doctor had not,
and he selflessly offered me his support
and told me:
"Girl, do not turn your back on life.
Right now you do not know where is up or where is down.
But you'll stay afloat.
Do not be afraid to aim high,
and do not be afraid of falling.
Your sister already has her own life.
Your parents already have theirs.
When are you going to make yours?
What keeps you here?
What happened to you is an opportunity that life has given
you to break free.
Go—get to know the world.
Do not be afraid of failing.
You'll see that when you come back, you will be stronger
than you were when you left.
Oh, but one more thing.
Don't forget to tell me how it went."
Valuable advice from a friend, valuable friendships that I
found at the bar on the second floor.

Preguntas a Mí Misma

Puedo quejarme del gobierno,
puedo quejarme de mi situación.
Pero ¿que estoy haciendo para cambiarla?
¿En donde paso mi tiempo?
¿Que estoy haciendo con mi dinero?
¿Qué estoy haciendo por mi comunidad y mi vecino?
¿Acaso soy capaz de tratar con amor y respeto a mi vecino?
Aunque no concuerde con su manera de pensar.
Todos tenemos problemas,
los más pobres y hasta los más ricos.
La magnitud de nuestros problemas puede variar.
Pero en ocasiones nuestros problemas pueden ser los mismos.
¿Pero en qué momento, soy capaz de dejar ir mi egoísmo,
Y empiezo a regalar sonrisas, y compartir el momento con alguien, a través de un saludo generoso, de un gesto amable y una platica sincera?
¿En qué momento hago un gesto generoso a un desconocido, sin esperar nada a cambio?
¿En qué momento, decido dejar de pensar tanto en mí y empiezo a pensar en mi comunidad?
¿En qué momento me preocupo por hacer sentir bien a las personas y compartir una sonrisa cuando pienso que mis problemas son más grandes que el universo?
¿En qué momento hago esto?

Questions to Myself

I can complain about the government,
and I can complain about my situation.
But what am I doing to change it?
Where am I spending my time?
And
my money?
What am I doing for my community and for my neighbors?
Am I able to love and respect my neighbor?
Although I don't agree with their thinking,
we all have problems, from the poorest person to the richest
ones.
The magnitude of our problems can vary.
But sometimes our problems can be the same.
At what moment, am I able to let go of my selfishness,
give away smiles, and share a special moment with someone,
with a generous greeting, a kind gesture, and sincere talk.
In what moment am I able to make a generous gesture to a
stranger, without expecting anything in return?
In what moment, do I decide to stop thinking so much about
me and start thinking about my community?
When do I start making people feel good by sharing a smile
when I think that my problems are bigger than the universe?
When, do I do this?

Tal vez

Te veo pasar por la calle,
y cuando te veo, veo más allá de tu piel,
veo tu sonrisa universal,
la luz de tu alma,
La esencia de tu ser.
Es como si no existieran barreras entre nosotros.
Si tan solo fuera posible ver más allá del estigma social,
y del ego que nos separa.
Me daría cuenta que tú y yo somos iguales.
Que tú y yo somos personas con sueños, anhelos y miedos.
Y que lo único que nos separa son nuestros propios prejuicios,
los cuales no nos permiten que ni tu ni yo nos conozcamos.
¡Que lastima!
Tal vez tú pudiste ser mi mejor amigo,
tal vez tú pudiste haberme ayudado con un valioso consejo,
cuando mas lo necesitaba.
Tal vez …

Maybe

I see you walking down the street
and when I see you, I see beyond your skin.
I see your universal smile,
the light of your soul,
the pores of your being.
It is as if there were no barriers between us.
If it were just possible to see beyond our social stigma
and the ego that separates us.
I would realize that you and I are alike.
You and I are people with dreams, hopes, and fears.
And the only thing that separates us is our own prejudices,
which do not allow you or me to get to know each other.
What a pity.
Maybe you could have been my best friend.
Maybe you could have helped me with some valuable advice
when I needed it.
Maybe ...

El Chico Esperanza

No sé si te vea, no sé si seas para mí.
solo sé que eres el chico esperanza,
el chico que tuve la oportunidad de conocer,
eres el chico que ha tocado mi corazón y el cual me ha dado
la esperanza,
de que algún día podré conocer a alguien.
Gracias por dejarme conocerte y por compartir conmigo un
momento.
Eres interesante y sencillo,
eres alguien que me hizo sentir bien,
y me transmitió buena vibra.
Gracias por abrir mis ojos,
pero más que nada,
te doy las gracias por darme la esperanza,
de que algún día podre conocer a alguien.
Y que algún día podré volver a amar.

The Guy That Brought Hope Back

I don't know if I will ever see you, nor do I know if we are meant to be.
I only know that you are they guy that has brought back hope into my life.
The guy whom I had the opportunity to meet,
You're the guy who touched my heart and who has brought back hope
that someday I will get to meet someone.
Thank you for letting me get to know you and for sharing with me this moment.
You're interesting and with a humble demeanor.
You are someone who made me feel good with your good vibe. Thank you for opening my eyes,
but most importantly, thank you for giving me hope
that someday I will get to meet someone
and that someday I will be able to love again.

Sueños de un Romántico

Los sueños, de un romántico.
En sus ojos, amor y ternura,
un brillo de amor que dice ámame, yo te amo.
Su sonrisa, una dulzura,
su miedo,
su sensibilidad,
anhela un abrazo y un beso,
anhela ser amado,
y anhela soñar con música y letras.

Dreams of a Romantic

The dreams of a romantic man.
In his eyes, he shows love and tenderness,
a glow of love that says, "Please love me;
I love you."
His sweet smile,
his fear and sensitivity.
He yearns for a hug and a kiss.
He yearns to be loved.
And he dreams of music and lyrics.

La Belleza de los Sueños

Los sueños son mágicos.
Son una razón para vivir.
Hacer realidad un sueño es alcanzar las estrellas y sonreír
al cielo por la posibilidad de creer que todo es posible.
Incluyendo, tocar las estrellas.

The Beauty of Dreams

Dreams are magical.
They are a reason for living.
Making a dream come true is reaching for the stars and smiling at heaven for the chance of believing that anything is possible.
Including, touching the stars.

Poema Para Jasmine

Querido Papá,
sé que no puedes entenderme, pero quiero lograr mis propias metas.
Quiero ser alguien en la vida.
Sé que te haré sentir orgulloso.
Te quiero, Papá.

Poem For Jasmine

Dear Dad,
I know you cannot understand me, but I want to accomplish
my own goals.
I want to become someone in life.
I know that I will make you proud.
I love you, Dad.

Un Amor Especial

En la espontaneidad de un beso en el cachete.
Una sonrisa cálida y una mirada con chispitas en los ojos,
son el regalo entre una madre y una hija.
Las cuales saben que su amor es mutuo.

A Special Love

In the spontaneity of a kiss on the cheek,
a warm smile, and a sparkling look in their eyes
is the gift between a mother and a daughter
who know that their love is mutual.

Los Caminantes

Inspirado en los proverbios africanos
Todo sale a la luz.
Los años de historia con noches de fogata.
Rituales mágicos son la culminación de sus largas jornadas.
En donde el amor dirige su camino.
Se reúnen a compartir historias, crear música,
que danzan al reflejo de la melodía.
Y de nueva cuenta, el amor hace acto de presencia.
En una noche donde se celebra el camino recorrido.

The Hikers

Inspired by African proverbs.
Everything comes to light.
The years of history, along with the nights of bonfires.
Magical rituals are the culmination of the people's long journeys,
in which love leads their way.
People come together to share stories, create music, and dance to the reflection of the melody.
When they come together, their love is present in their togetherness, on a night where they celebrate how far they have traveled.

Fotografía

Bonito es compartir el éxito,
esa foto sonriente,
ese momento mágico.
lo que no queda dicho es
que detrás de esa sonrisa hubieron momentos difíciles,
hubieron lagrimas de tristeza,
y tal vez hubo desolación.
¿Por que apenarme de ello?
Aunque a veces no me guste admitirlo,
esto también es parte de la vida.
Y esos sentimientos estuvieron ahí,
y por eso cuando comparto una foto sonriente,
un momento agradable,
me doy cuenta lo lejos que he caminado,
Y que aunque el camino no haya sido fácil,
Y aunque la historia no haya sido explícita,
aun así es valiosa.
Porque me permite ver lo lejos que he caminado.
En donde detrás de cada reto transcurrido
existe esperanza.
La cual es acompañada de perseverancia.
La perseverancia de cumplir un sueño
y no rendirme ante la vida.

Picture Time

It's nice to share success,
that smiling photo,
that magical moment.
What has not been said is
that behind that smile there were difficult moments.
There were tears.
There was sadness,
even despair.
Why am I ashamed of this?
Although sometimes I don't want to admit it,
this is also part of life.
These feelings were there,
and that is why when I share a smiling photo,
a nice moment,
I realize how much I have traveled.
Even though my path might not have been easy,
and the story of this picture might not be explicit,
it still holds great value.
This picture shows me how far I have traveled.
It also shows me that behind every challenge, there is hope,
hope that was accompanied by perseverance,
the perseverance of fulfilling a dream
and not giving up on life.

En un Mundo de Color

En un mundo de color,
el pianista, sin piano,
danza de emoción con una sonrisa en el rostro.
El dice ver el color en el aire.
Dice que la vida es bella y me invita a vivirla.

In a World of Color

In a world of color,
the pianist without a piano
dances with emotion and a smile on his face.
He says he can see color in the air.
He says that life is beautiful and invites me to live it.

Estimado Lector,

Gracias por leer este libro y por permitirme compartirlo contigo. Yo soy una maestra de matemáticas que le gusta escribir y reflexionar acerca de la vida por medio de la poesía.

Soy una escritora que se encuentra en el proceso de crecer y mejorar. Escribir es algo terapéutico para mí porque me permite pensar, analizar y expresar mis sentimientos.

En este libro comparto lo que he aprendido en mi vida. Tal vez lo que he escrito te inspirare o proporcione palabras de aliento en momentos de necesidad.

Para mi es muy importante escribir y compartir lo escrito. El compartir lo escrito es un acto de amor que podemos utilizar pacíficamente para cambiar al mundo. Los libros abren las puertas a la educación. La educación a su vez abre las puertas al conocimiento y el conocimiento abre las puertas a la libertad.

Mis mejores deseos para ustedes en la jornada de su vida. De nueva cuenta gracias por leer este libro.

Sinceramente,

Gabriela Iñiguez

Dear Reader,

Thank you for reading this book and allowing me to share my poetry with you. I am a math teacher who likes to write and reflect about life through poetry.

I am a writer who is in the process of growing and improving. Writing is therapeutic for me because it allows me to think, analyze, and express my feelings.

In this book, I am sharing what I have learned throughout my life. Perhaps what I wrote in this book may inspire you, or it can provide you with some words of encouragement in times of need.

I believe that it is important to write and share one's writing. To me, this is a peaceful act of love that we can all use to change the world. Hence, books open the doors to education. Education, in turn, opens the door to knowledge, and knowledge opens the door to freedom.

My best wishes to you on your life's journey, and once again, thank you for reading this book.

Sincerely,

Gabriela Iñiguez